Dieses Lesehelden-Buch gehört

....

....

Text von Ingrid Maitland
Illustrationen von Marina le Ray

Lektor der Reihe: Deborah Smith
Pädagogische Beratung: Monica Hughes und
Anny Northcote, Bath Spa University

Copyright © Parragon Books Ltd
Alle Rechte vorbehalten. Die vollständige oder auszugsweise Speicherung, Vervielfältigung oder Übertragung dieses Werkes, ob elektronisch, mechanisch, durch Fotokopie oder Aufzeichnung, ist ohne vorherige Genehmigung des Rechteinhabers urheberrechtlich untersagt.

Copyright © für die deutsche Ausgabe

Parragon Books Ltd
Queen Street House
4 Queen Street
Bath BA1 1HE, UK
Bitte bewahren Sie die Informationen in diesem Buch auch zur späteren Ansicht auf.
Übersetzung und Satz: lesezeichen, Köln
Redaktion: trans texas publishing, Köln

ISBN 978-1-4075-2545-7
Printed in China

Retter in der Not

Das Kind beim Lesen unterstützen

Lesehelden heißt diese von Pädagogen entwickelte Kinderbuchreihe. Es gibt vier Lesestufen; **Stufe 2** ist für Leseanfänger.

Jedes Buch der **Stufe 2** umfasst vier Geschichten, die durch die Figuren, das Umfeld und das Thema miteinander verbunden sind. Am Ende des Buchs werden Fragen zu den Geschichten gestellt und Schlüsselwörter als Rätsel wiederholt.

Wählen Sie zum Lesen mit Ihrem Kind eine ruhige Atmosphäre und einen gemütlichen Ort. Eine Leseübungseinheit sollte nicht länger als 15 Minuten dauern, sonst ermüdet das Kind oder verliert die Lust. Und vor allem: Sparen Sie nicht mit Lob!

★ Lesen Sie die Geschichten **zusammen** mit dem Kind. Fahren Sie mit dem Finger die Zeilen nach.

★ Lesen Sie so langsam vor, dass das Kind alles verstehen kann.

★ Helfen Sie beim Lesen schwieriger Wörter.

★ Lange zusammengesetzte Wörter sollten am sinnvollsten Wort für Wort gelernt werden: Schulmannschaft = Schule + Mannschaft

Inhalt

Cindy will nicht spielen 9

Arme Pixi 17

Ein Baby für Leonie 25

Eine Familie für Moppy 33

Was hast Du gelernt? 41

Wir wurden gerettet.

Cindy will nicht spielen

Jona hat einen Hamster.

Es ist ein Weibchen und heißt Cindy.

Jonas Schwester Leonie will mit Cindy spielen.

„Cindy will nicht spielen", sagt Jona.

„Sie versteckt sich."

Leonie schaut in Cindys Käfig. Der Hamster liegt im Nest.

Die Mutter schaut nach Cindy.

„Cindy ist so dick geworden", sagt sie.

„Wir gehen am besten zum Tierarzt."

Sie fahren mit dem Auto zur Tierärztin.

Die Tierärztin schaut sich Cindy an.

„Ist Cindy krank?", fragt Jona.

Die Tierärztin lächelt.

„Nein", sagt sie. „Cindy wird bald Babys bekommen."

Jona und Leonie bringen Cindy wieder nach Hause.

Im Auto hält Jona Cindys Käfig.

„Papa wird staunen", sagt Leonie.

Zu Hause will der Vater sich Cindy anschauen.

„Wo ist sie denn?", fragt der Vater.

Die Käfigtür steht offen.

„Cindy ist verschwunden", sagt Jona.

Jona sieht im Auto nach.

„Hier ist sie", sagt Jona.

Cindy ist im Auto.

Und ihre Babys auch.

Arme Pixi

Leonie und Jona spielen im Garten.

Frau Strick schaut über den Zaun.

„Pixi!", ruft sie. „Pixi!"

Pixi ist die Katze von Frau Strick.

„Ist Pixi weggelaufen?", fragt Leonie.

„Ja", sagt Frau Strick. „Ich kann sie nirgends finden."

„Wir helfen beim Suchen", sagt Jona.

Jona und Leonie laufen umher.

Sie suchen überall im Garten.

„Was ist das für ein Geräusch?", fragt Leonie. „Horch!", sagt Jona.

MIAU, MIAU!

Es kommt von der großen Blechtonne.

Jona läuft zur Tonne hin.

Er hebt den Deckel hoch.

Pixi sitzt darin.

Sie miaut noch lauter.

MIAU, MIAU!

Sie heben Pixi heraus.

„Arme Pixi!", sagt Frau Strick.

„Sie hat sich an der Pfote verletzt."

„Wir bringen sie zur Tierärztin", sagen Jona und Leonie.

Die Tierärztin reinigt Pixis Pfote.

Sie wickelt einen Verband darum.

M~IAU~

„Alles wird gut, Pixi!", sagt Jona.

Leonie und Jona bringen Pixi zurück zu Frau Strick.
Frau Strick streichelt Pixi.
Pixi schnurrt zufrieden.
Frau Strick lächelt glücklich.
„Danke für eure Hilfe", sagt sie.

Ein Baby für Leonie

Leonie fühlt sich unnütz.

Jona füttert die Hamsterbabys.

Die Mutter füttert den kleinen Bruder.

„Was soll ich machen?", fragt Leonie.

Da klingelt es an der Tür.

Leonie öffnet die Tür.

Es ist die Tierärztin. Sie ist bei der Nachbarin, Frau Strick, gewesen.

„Pixi hat Junge bekommen", sagt die Tierärztin. „Komm rüber und schau sie dir an!"

Vier Kätzchen sind in der Kiste.

Drei sind so grau wie Pixi.

Eins ist sehr klein und weiß.

Sein Name ist Flöckchen.

Er sitzt allein in einer Ecke.

Die Tierärztin untersucht alle Babys.
Die drei grauen Kätzchen trinken Milch
an den Zitzen ihrer Mutter.
„Flöckchen muss gefüttert werden",
sagt die Tierärztin.

Die Tierärztin öffnet ihren Koffer.

Sie nimmt eine kleine Flasche heraus.

Darin mischt sie die Milch.

„Ich kann Flöckchen füttern", sagt Leonie.

Leonie nimmt das weiße Kätzchen auf ihren Schoß.

Sie hält Flöckchen die Flasche hin.

Sie fängt gleich an zu trinken.

Leonie streichelt Flöckchen.
Die Augen fallen ihr zu.
Sie fängt an zu schnurren.
„Jetzt habe ich auch ein Baby zum Füttern", sagt Leonie.

Eine Familie für Moppy

Der Vater holt Leonie und Jona von der Schule ab.

Ein Hund sitzt am Schultor.

Leonie und Jona kraulen ihn.

Er wedelt mit dem Schwanz.

Jona und Leonie gehen nach Hause.
Der Hund folgt ihnen.
Er hält eine Pfote hoch und humpelt.
„Der Hund hat sich an der Pfote verletzt", sagt Leonie.
„Wir bringen ihn zum Tierarzt", sagt der Vater.

Die Tierärztin untersucht den Hund.

Sie reinigt die Pfote.

Sie wickelt einen Verband darum.

„Er hat kein Halsband", sagt sie.

„Er muss ins Tierheim."

Leonie und Jona bringen ihn ins Tierheim.

„Wie soll er heißen?", fragt die Dame.

„Moppy", sagen Jona und Leonie.

Moppy wedelt mit dem Schwanz.

Die Dame gibt Moppy ein Halsband.

„Ich wünschte, Moppy wäre unser Hund", sagt Jona ein paar Tage später.
„Können wir ihn besuchen?", fragt Leonie.
Die Eltern fahren mit Leonie und Jona zum Tierheim.

„Moppy hat Glück", sagt die Dame. „Er hat ein neues Zuhause."

„Die neue Familie hat auch Glück", sagt Leonie.

„Wer ist Moppys neue Familie?", fragt Jona.

Die Dame lächelt.

„Das sind wir", sagt der Vater. „Moppy kommt zu uns."

Jona und Leonie sind sehr glücklich.

Sie kraulen Moppy.

Moppy ist auch sehr glücklich.

Was hast Du gelernt?

Kannst Du diese Wörter lesen?

Hamster

Käfig

Tierärztin

Babys

Garten

Tonne

Pfote

Verband

Kätzchen

weiß

Ecke

Flasche

Schule

Schwanz

Familie

Halsband

Setz die Wörter in die Lücken.

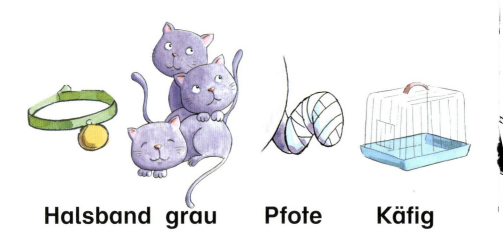

Halsband   grau   Pfote   Käfig

Der .... ist leer.

„Pixi hat sich an der .... verletzt."

Drei der Kätzchen sind ....

Die Dame gibt Moppy ein ....

Füll das Rätsel aus und finde das Lösungswort in dem grauen Balken.

1: **MILCH**
2: **TONNE**
3: **PFOTE**
4: **PIXI**
5: **BABY**

Lösungswort: Moppy

Weitere Bücher in dieser Reihe

★ Stufe 1 – Erstes Selberlesen
Die lustige Baustelle
Die kleinen Wetterfeen
Spaß auf dem Weidenhof
Katis Zoohandlung
Die fröhliche Tierschule

★ Stufe 2 – Leseanfänger
Abenteuer im Urlaub
Retter in der Not
Die Zauberhüte
Ballettschule Sternenlicht
Die Kinder von der Nussbaumschule

★ Stufe 3 – Geübte Leser
Mondkolonie Eins
Die Pyjamaparty
Die Spürnasen
Fleißige Helfer
Alle an Bord!

★ Stufe 4 – Lesehelden
Meine Mama ist eine Geheimagentin
Club der Törtchen
Einmal um die Welt
Leons Abenteuerreise
Wir gewinnen die Meisterschaft